AF329131

RÉFLEXIONS

SUR

DES RÉFLEXIONS

DE M. BERGASSE,

ANCIEN DÉPUTÉ A L'ASSEMBLÉE CONSTITUANTE,

SUR

L'ACTE CONSTITUTIONNEL DU SÉNAT.

Par M. BEAULIEU.

PARIS,

LE 29 AVRIL 1814.

RÉFLEXIONS

DES RÉFLEXIONS

DE M. BERGASSE,

ANCIEN DÉPUTÉ A L'ASSEMBLÉE CONSTITUANTE,

SUR

L'ACTE CONSTITUTIONNEL DU SÉNAT.

On m'a fait lire un Pamflet politique intitulé : *Réflexions de M. Bergasse, ancien Député à l'Assemblée constituante, sur l'Acte constitutionnel du Sénat*; et il m'a pris fantaisie de faire part au public des idées qu'il a fait naître dans ma tardive imagination.

Je n'ai pas l'avantage en effet de suer l'esprit par tous les pores, comme son illustre auteur; je suis tout simplement un bon vieux bon homme qui a vu bien des choses depuis vingt-cinq ans; qui, sur tout cela, a fait quelques observations, qui en fait encore, et qui se souvient. L'expérience lui a appris qu'il est prudent de n'adopter qu'avec beaucoup de réserve les conceptions sublimes des grands génies ; car ils ont pour le moins autant aveuglé les hommes qu'ils les ont éclairés ; et il lui arrive quelquefois de douter si la simple bêtise ne pourroit pas faire quelque chose de mieux. J'entre en matière, et je vais tâcher de procéder avec ordre et le plus succinctement possible.

Je commencerai par rendre hommage à la doctrine politique professée par M. Bergasse. Dans un temps où c'étoit une sorte de mode que chacun en eût une, la sienne, à mon avis, fut honorable et belle ; je n'hésiterai pas pour dire que toutes les âmes nobles et généreuses ont pu se faire gloire de l'adopter. Après les hommages qui lui sont dus pour le système auquel il s'étoit arrêté à la première époque de nos révolutions, viennent les observations critiques sur l'écrit qu'il publie aujourd'hui.

Devroit-il d'abord conserver avec tant de soin son titre d'ancien député à l'Assemblée qu'il appelle encore Constituante, à moins qu'il ne veuille revendiquer sa part d'une réputation beaucoup supérieure à celle d'Érostrate ; car ce malheureux Grec ne se rendit fameux que par la destruction d'un temple, tandis que les députés à l'Assemblée dite Constituante allumèrent le vaste incendie qui a failli dévorer l'Europe, et dont les feux, quelquefois concentrés, jamais éteints, ont réduit la France à l'état où elle se trouve aujourd'hui. J'avoue que si j'étois possesseur d'un titre pareil, je n'en parlerois jamais que dans un esprit de pénitence. L'amour-propre n'y seroit pour rien : je me garderois surtout d'en faire l'intitulé d'un écrit politique.

M. Bergasse me dira peut-être qu'il y a beaucoup d'exceptions à faire en faveur de ses anciens collègues, et qu'il ne faut pas les confondre dans un anathème commun. Cela est vrai, et j'en connois en effet plusieurs dignes, sous tous les rapports, d'estime et de respect, et pour leurs grands talens, et pour la sagesse de leurs principes ; mais l'exception confirme la règle, et il reste toujours pour constant que la très-grande partie, l'immense pluralité des députés aux Etats-Généraux participa aux fautes énormes commises par leur assemblée, les uns par de criminelles violences, les autres par une résistance inopportune, mal combinée, mal raisonnée, et souvent en opposition aux principes que peu de temps auparavant ils avoient eux-mêmes proclamés ; ceux-ci enfin, par une pusillanimité que je ne veux pas caractériser, en abandonnant leur poste dans un temps où ils pouvoient encore y combattre avec avantage et espérer de rallier à eux une foule d'hommes incertains, qui ne pouvoient agir qu'avec leur appui, et sauver par ce moyen la monarchie dont ils préparèrent la perte. Je laisse à M. Bergasse le soin de se caser lui-même dans celui de ces partis qui lui conviendra le mieux. Tout ce qu'on peut dire en faveur de cette assemblée, c'est que la presque universalité de la Nation applaudit avec délire à ses opérations, la força même de les poursuivre, et qu'elle fût entraînée par le torrent, dont, plus prudente, elle eût pu cependant détourner le cours, si elle eût été moins idolâtre des Rousseau, des Mably, des Diderot et autres divinités philosophiques.

Que M. Bergasse se donne la peine de consulter les procès-verbaux de l'Assemblée des États, avant qu'ils fussent réunis en une seule Assemblée nationale, il y verra, ou sans doute il y a déjà vu que tous, conduits par ces météores trompeurs, arrivèrent à Versailles avec des projets de constitution qu'ils n'avoient pas plus la mission de faire que le Sénat, qu'on attaque aujourd'hui pour avoir usurpé un pareil droit, ou plutôt beaucoup moins; car celui-ci avoit pour lui la première de toutes les lois, l'impérieuse nécessité, comme je le dirai bientôt. Tous vouloient changer la face de la France. Je ne leur supposerai pas l'intention de renverser entièrement la monarchie, ni de déplacer l'auguste famille qui depuis si long-temps portoit la couronne avec tant de gloire; mais ils devoient craindre que ce bouleversement funeste ne fût un jour la conséquence des principes qu'ils avoient eu l'imprudence de poser.

Aujourd'hui que le torrent dévastateur dont on avoit rompu les digues s'est écoulé, que le danger paroît passé par le rétablissement de la royale Maison dont l'Assemblée dite Constituante sapa les fondemens la première, les révolutionnaires de toutes les classes, chefs et soldats, instituteurs et disciples, se précipitent à droite, à gauche, dans tous les sens sur l'insensé qui, pouvant être le premier homme du monde, en est devenu le fléau; les autres sur les autorités qui furent les bases de sa puissance, sans vouloir se souvenir que tous les corps, civils, militaires et littéraires, que les philosophes et les antiphilosophes, qu'eux-mêmes qui crient si haut pour qu'on ne fasse attention qu'à leurs cris, se prosternèrent devant lui sous toutes les formes que le dieu Protée n'auroit pu prendre (je m'abstiendrai de faire ici aucun argument *ad hominem*), et le proclamèrent le héros par excellence, non-seulement des siècles passés et présens, mais encore pour l'avenir, l'*alpha*, l'*omega*, la véritable lumière de l'univers. Ils oublient de faire attention que non-seulement les peuples et la bourgeoisie adhérèrent à ses institutions, mais que cette antique noblesse, dont on a raison de rappeler les services, remplit sa cour d'écuyers, de préfets, de chambellans, et que les dames les plus hautement titrées en devinrent l'ornement; qu'un grand nombre de membres de cette illustre noblesse, que je respecte autant que personne, adoptèrent les titres de ducs, de comtes, de barons, et toutes les nouvelles qualifications qu'il avoit imaginées; que non-seulement ils acceptèrent, mais qu'ils sollicitèrent avec empressement, reçurent avec reconnoissance ses grâces et ses faveurs; qu'ils ambitionnèrent les décorations, les ordres d'espèces nouvelles qu'il avoit imaginés; que ces décorations furent reçues chez l'étranger, échangées chez beaucoup de Nations de l'Europe contre les signes et les emblèmes de la puissance des anciens Souverains qui y règnent; qu'une des premières puissances de l'Europe contracta avec lui une alliance intime, et que le chef de l'Église le couronna; en un mot, que s'il ne joue plus maintenant que le rôle du roi Théodore, c'est que sa perfidie envers la maison d'Espagne prépara contre lui la vengeance des Nations; que l'assassinat du dernier rejeton de la famille des Condé lui mérita la haine de tous les braves, et détacha de lui tous les cœurs vraiment français; c'est que, devenu fou, il entreprit en 1812 la campagne de Moscou; qu'en 1813, préférant sa sûreté du moment au salut de son armée, il fit sauter le pont de Leipsick, et perdit par cette lâcheté la plus grande partie des derniers braves qui pouvoient être encore le boulevard de sa puissance; c'est enfin qu'en 1814, sans forces militaires capables de le défendre, sans finances pour faire mouvoir son gouvernement, et détesté pour ses extravagances, sa méprisante insensibilité pour les malheurs de la Nation, dont lui seul étoit cause, il eut l'impertinence de se croire encore le modérateur de l'Europe, et en état, avec 5o à 6o mille hommes, de repousser les armées de toute l'Europe, qui couvroient la moitié de la France et alloient l'attaquer au cœur en entrant dans la capitale.

Que résulte-t-il de tout cela? que Buonaparte n'est tombé que par ses crimes et ses folies du faîte de l'extrême puissance où il étoit parvenu; mais qu'il régna sur les Français autant qu'il est possible de régner, et par leur adhésion à ses institutions, et par leur soumission à ses lois. Ce sont des faits que tout le bavardage des pamflétaires présens et futurs ne pourra jamais détruire. L'Histoire les redira à la postérité tels que je les énonce aujourd'hui.

(La force des circonstances, la volonté de tous les Souverains, le désespoir des Français, la ruine de leur pays, toutes les volontés s'étant réunies pour abattre ce colosse, et leurs efforts ayant réussi, le trône qu'il occupoit a dû rester vacant; mais cet interrègne ne pouvoit être que d'un moment. Il étoit du devoir, de la justice, de l'intérêt de la France d'y appeler sur-le-champ la famille des Bourbons; il n'y avoit pas d'autre moyen de salut. Je dis sur-le-champ, parce qu'une pareille place ne peut être inoccupée sans que le corps politique soit en proie aux plus épouvantables désordres. Or, dans l'état actuel des choses, qui pouvoit rappeler l'auguste famille et lui restituer la couronne qu'on lui avoit ravie par le plus grand de tous les crimes? Voilà la question. M. Bergasse prétend que le Sénat, que je ne veux ni accuser ni justifier pour les torts qu'on lui suppose, n'en avoit pas le droit; qu'il appartenoit à la Nation, exclusivement à la Nation. Mais comment la faire parler cette Nation? La Nation, prise en masse, peut-elle parler? peut-elle agir autrement que par l'organe de quelques individus qu'elle nomme, tant bien que mal, ses représentans. Ces représentans, tels que les conçoit M. Bergasse, n'existoient pas; il falloit les élire et les faire arriver de toutes les parties de la France, et la moitié de la France étoit au pouvoir de l'étranger; l'autre moitié étoit encore occupée par les troupes françaises, qui tenoient pour l'ancien maître, et qui, d'accord avec les fonctionnaires encore incertains, interceptoient toutes les communications avec la capitale. M. Bergasse parle du Corps législatif, à qui il suppose plus de droits que le Sénat à représenter la Nation; mais il falloit aussi en faire arriver les membres. Et d'ailleurs, à ce corps, muet par son institution, qui pouvoit donner la parole? Je suppose que ces obstacles n'eussent pas rendu impossible l'exécution du système de M. Bergasse, que les élections eussent pu se faire, et que les élus eussent pu arriver, et que le feu qui étoit à la maison n'eût pas menacé de la détruire de fond en comble, qui vous a dit

que ces élections, si dangereuses dans les grandes crises, n'auroient pas ramené parmi nous les
hommes du 10 août et leurs bandes épouvantables? Qui vous a dit que les ombres sanglan-
tes de Robespierre, de Danton, de Marat, ne
seroient pas arrivées du fond des enfers; le premier, pour faire revivre sa sale démagogie, et les
deux autres pour fonder un nouveau trône sur
les cadavres de septembre? Qui pouvoit vous
garantir que vous n'auriez pas eu des républi-
ques en pointe ou en bonnet rouge, des ven-
démiaires à la Corse, des directoires avec leurs
écrasantes bascules, des fructidor avec leurs at-
tentats, enfin que nous n'aurions pas essuyé de
nouveau les proscriptions de toute espèce qui
nous ont si cruellement tourmentés? M. Bergasse
auroit dû nous assurer le contraire, et donner
caution avant de vouloir faire parler la Nation
par l'organe de ses représentans, tels qu'il les
imagine.

Vous comptez sur l'amour des Français pour
les princes de la Maison des Bourbons; sans
doute jamais dynastie européenne ne mérita
mieux cet amour; la conduite du bon Henri la
fit naître; l'affreux attentat commis sur la personne de Louis XVI, les malheurs de ses proches
ont fait de cet amour un devoir de la reconnoissance et une loi sacrée de la justice; mais ne de-
viez-vous pas craindre que l'esprit de sédition qui
rendit en d'autres temps cet amour impuissant

ne parvînt à le dominer encore, si on persis-
toit à faire usage des moyens qui lui donnèrent
naissance.

Vingt-cinq ans se sont écoulés depuis le dé-
plorable exil de nos Princes; ils ne sont connus
que de la vieillesse. Les jeunes gens se sont éle-
vés en leur absence, et malheureusement en
des principes nouveaux; les militaires se sont
formés sous d'autres chefs; et combien d'autres
personnes, avilies par l'intérêt dans ce siècle d'é-
goïsme, les ont indignement exilés de leur souvenir! Je ne pousserai pas plus loin ces déso-
lantes observations. Quel est l'homme qui a vu,
qui a réfléchi, et qui n'est pas en état de les faire?

Pour que l'affection que les descendans du
bon Henri méritent de la Nation française de-
vînt générale et le patrimoine des enfans comme
des pères; ceux à qui elle est due ne pouvoient
se présenter trop tôt; la jeunesse et les militaires admis en leur présence avoient besoin de
les connoître pour comparer leur amabilité,
leur loyauté et l'exquise délicatesse de leurs ma-
nières, avec la rudesse, la brutalité de celui qui
a occupé leur trône; il falloit que les braves re-
connussent en eux le principe de la véritable
bravoure, uni aux sentimens de la pitié et aux
soins conservateurs de l'espèce humaine, qu'un
homme insensible a si long-temps méconnus. Il
étoit nécessaire que l'inquiétude n'eût pas le
temps de naître chez les propriétaires de cer-

tains biens , dans l'imagination de quelques hommes coupables, et qu'ils fussent convaincus que leurs délits ne pourroient appartenir qu'à l'Histoire; tout cela devoit être reconnu, établi immédiatement, à peine de voir la Nation replongée dans un abîme sans fond, démembrée peut-être. Ne pouvoit-on pas craindre que les puissances, fatiguées de nos éternels désordres dont elles avoient à garantir leurs Etats, n'en pussent concevoir le projet? Pour obtenir de tels résultats, les formes lentes et scrupuleusement régulières de M. Bergasse étoient au moins impuissantes; j'ai parlé des malheurs particuliers qu'elles pouvoient occasioner, ajournons donc l'application de ces principes : je les crois salutaires et conservateurs de l'indépendance et de la liberté publique, mais dans les temps paisibles seulement; dans les grandes crises il est indispensable de sauter vivement par-dessus pour avoir recours à d'autres moyens ; c'est dans ces circonstances qu'on ne doit pas examiner ce qu'ils peuvent avoir d'irrégulier; il suffit de savoir quels peuvent en être les résultats. Deux obstacles paralysoient les esprits d'un grand nombre de personnes et toutes les autorités publiques; les hommes dont elles étoient composées avoient prêté serment de fidélité à Buonaparte comme Empereur, comme Souverain reconnu; ce serment même avoit été prononcé par presque tous les citoyens dans l'exercice de la justice, par jurés. Chacun se trouvoit donc placé entre sa conscience et la nécessité d'abandonner celui à qui on avoit promis obéissance et fidélité, puisqu'une volonté suprême, qu'approuvoit un désir secret, défendoit de le reconnoître; l'armée surtout, essentiellement obéissante, étoit encore sous son commandement et traînoit tous les dangers à sa suite; la délier de son obéissance et lui montrer l'ordre souverain de la Patrie. Buonaparte lui – même n'avoit point renoncé à ses droits ou prétendus tels. Qui pouvoit l'en déclarer déchu (1)? l'autorité qui les lui avoit déférés, au moins dans un certain sens, et que le peuple n'avoit pas cessé de reconnoître; le Sénat étoit cette autorité, elle seule pouvoit prononcer, elle l'a fait : on a vu, n'en déplaise aux pamflétaires, le grand bien que sa détermination a produit; le Sénat pouvoit seul rappeler les Bourbons : quelqu'irrégulier qu'on veuille supposer son droit à cet égard,

---

(1) Sans doute il eût été de l'intérêt des peuples et de la sagesse de leurs législateurs de ne jamais élever ces questions téméraires sur la déchéance et l'institution des Rois, et je suis à cet égard de l'avis de M. Bergasse; des discussions de cette nature peuvent entraîner les plus grands malheurs; mais l'Assemblée dont M. Bergasse se glorifie d'avoir été membre avoit levé le voile qui devoit être sacré, en agissant, en décrétant, comme si le monarque n'eût pas existé. Les autorités qui l'ont suivie ont mis ce voile en lambeaux; il n'y a plus que le temps qui puisse le rétablir dans l'opinion des hommes devenus plus sages et plus véritablement éclairés.

lui seul pouvoit faire entendre une voix qu'on pût croire celle de la Nation, et la faire entendre à propos et sur-le-champ. Ceux dont les droits pouvoient être plus réguliers n'avoient pas la faculté de parler.

Le retour de nos Princes, sans qu'on connût leurs intentions, pouvoit donner quelque inquiétude; il falloit la dissiper, il falloit faire disparoître les incertitudes parmi les militaires surtout, et rassurer les personnes qui pouvoient trembler; tout cela devoit être l'objet d'un pacte solennel entre la Nation et le Souverain. Il falloit dire à la Nation que ses revenus ne seroient plus employés qu'aux besoins indispensables de l'Etat, que ses enfans ne prendroient désormais les armes que pour repousser d'injustes attaques et pour le maintien de ses droits légitimes : ce pacte devoit être rédigé sur-le-champ et mis à exécution le plutôt possible, au moins quant à ses bases principales, et nulle autorité existante ne pouvoit le proposer que le Sénat. M. Bergasse lui conteste ce droit. Je ne veux pas examiner cette question; mais je soutiens qu'au défaut d'autres pouvoirs présens et en état d'agir, la nécessité, la première de toutes les lois, l'a suffisamment autorisé, et réclamoit son intervention, et pour prononcer la déchéance, et pour exprimer le vœu national pour le retour de la famille des Bourbons, et pour poser les premières bases d'une constitution qui assurât les droits du Peuple français et les prérogatives de son Souverain.

BEAULIEU.